•Les aventures avec Nicolas•

Les cinq pastels

•Adventures with Nicholas•

The Five Crayons

Illustrated by Chris Demarest

Berlitz Publishing
New York   Munich   Singapore

Contacting the Editors
Every effort has been made to provide accurate information in this publication, but changes are inevitable. The publisher cannot be responsible for any resulting loss, inconvenience or injury. We would appreciate it if readers would call our attention to any errors or outdated information by contacting Berlitz Publishing, 193 Morris Ave., Springfield, NJ 07081, USA. Fax: 1-908-206-1103, email: comments@berlitzbooks.com

First Printing: February 2006
Printed in China

Berlitz Trademark Reg. U.S. Patent Office and other countries. Marca Registrada. Used under license from Berlitz Investment Corporation

Berlitz Kids is a trademark of, and the Berlitz name and logotype are registered trademarks of, Berlitz Investment Corporation. Used under license.

Dear Parents,

The *Adventures with Nicholas* stories will create hours of fun and productive learning for you and your child. Children love sharing books with adults, and story-based learning is a natural way for your child to develop second language skills in an enjoyable and entertaining way.

In 1878, Professor Maximilian Berlitz had a revolutionary idea about making language learning accessible and enjoyable. Today Berlitz Kids™ products combine his time-tested principles with up-to-date research to ensure that children have the greatest possible success in learning a second language.

Just as listening to stories develops children's first-language skills, it is also one of the best ways to develop their knowledge of a second language. By the time children are about four years old, they usually enjoy hearing stories for as long as 15 minutes.

The materials you are holding in your hands—*Adventures with Nicholas*—are an engaging, positive way to present a second language to children. Each of the eight episodes presents foreign-language words gradually, in context. The content and vocabulary have been carefully chosen to draw your child into the story. Use these materials with your child any time: as a play activity, during quiet time, or in the bedtime story hour.

On the audio program your child will hear the story with wonderful sound effects. Your child will also hear entertaining and memorable songs. The songs are not just fun. Language experts say that singing songs helps kids learn the sounds of a new language more easily. What's more, an audio dictionary helps your child learn the pronunciation of important words.

As you listen to the stories, keep the mood light and easygoing, and take your cues from your child. Soon you'll be surprised by your child's increasing fluency.

Welcome!

The Editors at Berlitz Kids™

Une journée à la maison

A Day at Home

Jean et Nicolas sont frères.
Jean a un rhume.

John and Nicholas are brothers.
John has a cold.

— Nicolas, je m'ennuie.
Qu'est-ce qu'on pourrait bien faire ?

"Nicholas, I'm bored.
What shall we do?"

— Est-ce que tu veux lire ?
Est-ce que tu veux jouer ?
Est-ce que tu veux dessiner ?

"Do you want to read?
Do you want to play?
Do you want to draw?"

— Je ne veux pas lire.
Je ne veux pas jouer.
Je veux dessiner.
Où sont les pastels ?

"I do not want to read.
I do not want to play.
I want to draw.
Where are the crayons?"

— Voici la boîte de pastels.
Où sont tous les pastels ?

"Here is the crayon box.
Where are all the crayons?"

Les pastels ne sont pas sur la table.
Ils ne sont pas sous le lit.
Ils ne sont pas par terre.
Où sont-ils ?

The crayons are not on the table.
They are not under the bed.
They are not on the floor.
Where are they?

2 À la recherche des pastels

The Crayon Hunt

Nicolas cherche les pastels.
Tiens ! Il y a un pastel rouge dans la cuisine.
Il est dans une tasse.

Nicholas looks for the crayons.
Aha! There is a red crayon in the kitchen.
It is in a cup.

Il y a un pastel bleu dans sa chambre.
Il est dans sa chaussure.

There is a blue crayon in his bedroom.
It is in his shoe.

Il y a un pastel jaune dans le salon.
Il est sous le fauteuil.

There is a yellow crayon in the living room.
It is under a chair.

Il y a un pastel vert dans la salle de bains.
Il est à côté de la brosse à dents.

There is a green crayon in the bathroom.
It is next to a toothbrush.

Il y a un pastel blanc dans la salle à manger.
Il est sur un plateau.

There is a white crayon in the dining room.
It is on a tray.

— Voilà cinq pastels.
Un, deux, trois, quatre, cinq.
Rouge, blanc, bleu, jaune, vert.

"Here are five crayons.
One, two, three, four, five.
Red, white, blue, yellow, green."

3 Le pastel rouge

The Red Crayon

— Quelles choses rouges est-ce que tu aimes bien, Jean ?

— J'aime bien les pommes et les cerises. J'aime bien les camions de pompiers. J'aime bien les roses.

"What red things do you like, John?"
"I like apples and cherries.
I like fire trucks.
I like roses."

Nicolas dessine un camion de pompiers.
Il dessine les pompiers et une échelle.

Nicholas draws a fire truck.
He draws the firefighters and a ladder.

Pin-pon, pin-pon !
— Regarde. Le camion bouge !
Nicolas, tourne la page !

EEEEEEE!
"Look. The truck is moving!
Nicholas, turn the page!"

— Regarde. Le camion est parti.
Qu'est-ce qu'on dessine maintenant ?

"Look. The truck is gone.
What shall we draw now?"

Nicolas dessine un arbre.
Il dessine des pommes rouges dans l'arbre.

Nicholas draws a tree.
He draws red apples on the tree.

Les pommes tombent de l'arbre.
Une, deux, trois, quatre, cinq,
six, sept, huit, neuf, dix.
— Vite ! Tourne la page !

Apples fall from the tree.
One, two, three, four, five,
six, seven, eight, nine, ten.
"Quick! Turn the page!"

Le pastel bleu

The Blue Crayon

— Quelles choses bleues est-ce que tu aimes bien, Jean ?

— J'aime bien ma chemise bleue.
J'aime bien le ciel.
J'aime bien l'encre bleue.

"What blue things do you like, John?"
"I like my blue shirt.
I like the sky.
I like blue ink."

Nicolas dessine un ciel bleu.
Nicolas dit : — Il y a du soleil aujourd'hui.

Nicholas draws a blue sky.
Nicholas says, "It is a sunny day."

Jean dit : — Non, il y a du vent.
Il y a du vent dans ma chambre !
Vite ! Tourne la page !

John says, "Now it is windy.
It is windy in my room!
Quick! Turn the page!"

Il n'y a plus de vent.
Ils n'ont rien à ranger !

There is no more wind.
They do not have to clean up!

Nicolas dessine une bouteille
d'encre bleue.
Il dessine aussi de l'encre bleue.

Nicholas draws a blue ink bottle.
He draws blue ink too.

27

Les garçons ont bientôt de l'encre sur les doigts.
Ils ont de l'encre sur les genoux.
Ils ont de l'encre sur le visage.
    Jean dit : — Tourne la page Nicolas !

Soon the boys have ink on their hands.
They have ink on their knees.
They have ink on their faces.
John says, "Turn the page, Nicholas!"

5

Le pastel jaune
The Yellow Crayon

— Quelles choses jaunes est-ce que tu aimes bien, Jean ?

— J'aime bien le soleil.
J'aime bien les lions et les bananes.
J'aime bien les cars scolaires.

"What yellow things do you like, John?"
"I like the sun.
I like lions and bananas.
I like the school bus."

Nicolas dessine un car scolaire jaune.

Nicholas draws a yellow school bus.

Voilà une voiture.
Voilà un camion.
Voici le car.
Attention !

There goes a car.
There goes a truck.
Here comes the bus.
Look out!

— Bon !
Le car est parti.

*"Good!
The bus is gone."*

Jean dit : — Dessine un lion.

Nicolas dit : — Non ! Non. Pas de lions !

John says, "Draw a lion."
Nicholas says, "No! No lions!"

Jean dit : — Si ! Un lion.
Jean dessine une tête de lion.
RRRRRRR !
— Arrête le lion !
Nicolas tourne rapidement la page.

John says, "Yes! A lion."
John draws a lion face.
ROARRRR!
"Stop that lion!"
Nicholas turns the page quickly.

6

Le pastel vert

The Green Crayon

— Quelles choses vertes est-ce que tu aimes
bien, Jean ?
— J'aime bien les arbres.
J'aime bien les grenouilles.
J'aime bien les perroquets.

"What green things do you like, John?"
"I like trees.
I like frogs.
I like parrots."

Nicolas dessine un perroquet vert.
Le perroquet a des ailes vertes et une
queue verte.

Nicholas draws a green parrot.
The parrot has green wings and a green tail.

— Bonjour !, dit le perroquet.
— Comment vas-tu ?, demande Jean.
— Bien !, dit le perroquet.

"Hello!" says the parrot.
"How are you?" asks John.
"Fine!" says the parrot.

— Maintenant qu'est-ce que tu veux voir ?, demande Nicolas.

— Des grenouilles !, répond Jean.

"What do you want to see next?" says Nicholas.
"Frogs!" says John.

Jean dessine
une grenouille verte.
Il dessine plus de grenouilles.

John draws one green frog.
He draws more frogs.

Dong ! Dong !
Les grenouilles sont sur le lit.
Elles sont sur la chaise.
Elles sont partout.
— Trop de grenouilles !, s'écrie Jean.

Hop! Hop!
Frogs are on the bed.
They are on the chair.
They are everywhere.
"Too many frogs!" John yells.

7

Le pastel blanc

The White Crayon

— Quelles choses blanches est-ce que tu aimes bien, Jean ?
— J'aime bien la neige et la lune. J'aime bien les bulles de savon.

"What white things do you like, John?"
"I like snow and the moon.
I like soap bubbles."

Jean dessine des flocons de neige.
Chaque flocon est différent.

John draws snowflakes.
Each snowflake is different.

42

Il y a de la neige par terre.
Jean et Nicolas enfilent leur veste.
Ils font un bonhomme de neige.
   Jean dit : — J'ai froid.

There is snow on the floor.
John and Nicholas put on jackets.
They make a snowman.
John says, "I am cold."

La neige est partie.
Nicolas et Jean retirent leur veste.

The snow is gone.
Nicholas and John take off the jackets.

Nicolas dessine un pain de savon blanc.
Il dessine quelques bulles.

Nicholas draws a bar of white soap.
He draws some bubbles.

Maintenant il y a beaucoup de savon.
Il y a beaucoup de mousse.
— Tourne la page, Nicolas !, s'écrie Jean.

Now there is a lot of soap.
There are a lot of soapsuds.
"Turn the page, Nicholas!" John yells.

Toutes les couleurs

All the Colors

Nicolas et Jean se reposent.
Leur sœur Marie rentre dans
la chambre.
    Marie demande : — Comment
vas-tu Jean ?

Nicholas and John are resting.
Their sister Maria comes in.
Maria says, "How are you, John?"

Jean dit : — Je me sens mieux.
On s'amuse bien.

Marie lui dit : — Je veux voir tes dessins.

John says, "I feel better.
We are having fun."
Maria says, "I want to see your drawings."

Marie regarde les dessins.
Elle voit du rouge, du bleu, du jaune,
du vert et du blanc.
Des pommes, des grenouilles, de la mousse
de savon s'évadent des pages.

Maria sees the drawings.
She sees red, blue, yellow, green, and white.
Apples, frogs, and soapsuds jump off the pages.

— Où est-ce qu'on peut garder les dessins ?, demande Nicolas.
Marie connaît un endroit.
Elle dessine un coffre à trésor.

"Where can we keep the drawings?" asks Nicholas.
Maria knows where.
She draws a treasure chest.

Nicolas met tous les dessins et les pastels
dans le coffre.

*Nicholas puts all their drawings and crayons
in the chest.*

Nicolas dit : — Maintenant on pourra rejouer avec.

Jean et Nicolas sourient.

Nicholas says, "Now we can play with them again."
John and Nicholas smile.

Song Lyrics

Frère Jacques
Brother Jack

Frère Jacques, frère Jacques,
dormez-vous ? Dormez-vous ?
Sonnez les matines, sonnez les
    matines :
Ding, dang, dong ! Ding, dang, dong !

[Repeat verse.]

Brother Jack, Brother Jack,
Are you asleep? Are you asleep?
Ring the morning bells! Ring the
    morning bells!
Ding, dong, ding! Ding, dong, ding!

[Repeat verse.]

Sur le Pont d'Avignon
On the Bridge of Avignon

Sur le pont d'Avignon,
l'on y danse, l'on y danse.
Sur le pont d'Avignon,
l'on y danse tous en rond !

Les beaux messieurs font comm' çi,
et puis encor' comm' ça.

Sur le pont d'Avignon,
l'on y danse, l'on y danse.
Sur le pont d'Avignon,
l'on y danse tous en rond !

Les belles dam's font comm' çi,
et puis encor' comm' ça.

Sur le pont d'Avignon,
l'on y danse, l'on y danse.
Sur le pont d'Avignon,
l'on y danse tous en rond !

Les militair's font comm' çi,
et puis encor' comm' ça.

Sur le pont d'Avignon,
l'on y danse, l'on y danse.
Sur le pont d'Avignon,
l'on y danse tous en rond !

On the bridge of Avignon,
There we dance, there we dance.
On the bridge of Avignon,
There we dance in a circle.

The handsome gentlemen dance like this,
And then again like that.

On the bridge of Avignon,
There we dance, there we dance.
On the bridge of Avignon,
There we dance in a circle.

The beautiful ladies dance like this,
And then again like that.

On the bridge of Avignon,
There we dance, there we dance.
On the bridge of Avignon,
There we dance in a circle.

The soldiers dance like this,
And then again like that.

On the bridge of Avignon,
There we dance, there we dance.
On the bridge of Avignon,
There we dance in a circle.

C'est la poulette grise
This Is the Little Gray Hen

C'est la poulette grise,
qui pond dans l'église.
Ell' va pondre un petit coco,
pour son p'tit qui va fair' dodiche.
Ell' va pondre un petit coco
Pour son p'tit qui va fair' dodo.
Dodiche, dodo.

This is the little gray hen
That lays an egg in the church.
She will lay a little egg
For her little one who's going to sleep.
She will lay a little egg
For her little one who's going to sleep.
Sleep, hushaby.

C'est la poulette brune,
qui pond dans la lune.
Ell' va pondre un petit coco,
pour son p'tit qui va fair' dodiche,
Ell' va pondre un petit coco
Pour son p'tit qui va fair' dodo.
Dodiche, dodo.

This is the little brown hen
That lays an egg on the moon.
She will lay a little egg
For her little one who's going to sleep.
She will lay a little egg
For her little one who's going to sleep.
Sleep, hushaby.

C'est la poulette blanche,
qui pond dans les branches.
Ell' va pondre un petit coco,
pour son p'tit qui va fair' dodiche.
Ell' va pondre un petit coco
Pour son p'tit qui va fair' dodo.
Dodiche, dodo.

This is the little white hen
That lays an egg in the tree branches.
She will lay a little egg
For her little one who's going to sleep.
She will lay a little egg
For her little one who's going to sleep.
Sleep, hushaby.

Au clair de la lune
By the Light of the Moon

Au clair de la lune,
mon ami Pierrot,
prête-moi ta plume,
pour écrire un mot ;
Ma chandelle est morte,
je n'ai plus de feu ;
ouvre-moi ta porte,
pour l'amour de Dieu !

By the light of the moon,
My friend Pierrot,
Lend me your pen
So I can write a note.
My candle is out,
I don't have any light.
Open your door to me,
I beg of you.

Au clair de la lune,
Pierrot répondit :

By the light of the moon,
Pierrot answered:

Je n'ai pas la plume,
je suis dans mon lit.
Va chez la voisine,
je crois qu'elle y est ;
car dans sa cuisine,
on bat le briquet.

Au clair de la lune,
mon ami Pierrot,
prête moi ta plume,
pour écrire un mot ;
ma chandelle est morte,
je n'ai plus de feu ;
ouvre moi ta porte,
pour l'amour de Dieu !

I don't have a pen,
And I'm in bed.
Go to my neighbor's house,
I think she's there.
Because in her kitchen,
There's a light on.

By the light of the moon,
My friend Pierrot,
Lend me your pen
So I can write a note.
My candle is out,
I don't have any light.
Open your door to me,
I beg of you.

Les petites marionnettes
The Little Marionnettes

Ainsi font, font, font,
les petites marionnettes.
Ainsi font, font, font,
trois p'tits tours
et puis s'en vont.

Ainsi font, font, font,
les petites marionnettes.
Ainsi font, font, font,
trois p'tits tours
et puis s'en vont.

Les poings au côté,
marionnettes, marionnettes.
Les poings au côté,
sautez, Marionnettes,
sautez !

Les poings au côté,
marionnettes, marionnettes.
Les poings au côté,
sautez, Marionnettes,
sautez !

This is what they do, do, do–
The little marionnettes.
This is what they do, do, do–
Three little turns,
And then they're off.

This is what they do, do, do–
The little marionnettes.
This is what they do, do, do–
Three little turns,
And then they're off.

Hands to the side–
Marionnettes, marionnettes,
Hands to the side.
Jump, marionnettes,
Jump!

Hands to the side–
Marionnettes, marionnettes,
Hands to the side.
Jump, marionnettes,
Jump!

Ainsi font, font, font,	This is what they do, do, do–
les petites marionnettes.	The little marionnettes.
Ainsi font, font, font,	This is what they do, do, do–
trois p'tits tours	Three little turns,
et puis s'en vont.	And then they're off.

Ainsi font, font, font,
les petites marionnettes.
Ainsi font, font, font,
trois p'tits tours
et puis s'en vont.

This is what they do, do, do–
The little marionnettes.
This is what they do, do, do–
Three little turns,
And then they're off.

Bonsoir, mes amis !
Good Evening, My Friends!

Bonsoir, mes amis, bonsoir !
Bonsoir, mes amis, bonsoir !
Bonsoir, mes amis !
Bonsoir, mes amis !
Bonsoir, mes amis, bonsoir !
Au revoir !

Good evening, my friends, good evening!
Good evening, my friends, good evening!
Good evening, my friends!
Good evening, my friends!
Good evening, my friends, good evening!
Good night!

Quand on est si bien ensemble,
pourquoi donc se séparer ?
Pourquoi donc, pourquoi donc,
pourquoi donc se séparer ?

When we're having such a good time together,
Why should we part?
Why, why?
Why should we part?

Bonsoir, mes amis, bonsoir !
Bonsoir, mes amis, bonsoir !
Bonsoir, mes amis !
Bonsoir, mes amis !
Bonsoir, mes amis, bonsoir !
Au revoir !

Good evening, my friends, good evening!
Good evening, my friends, good evening!
Good evening, my friends!
Good evening, my friends!
Good evening, my friends, good evening!
Good night!

Quand on est si bien ensemble,
pourquoi donc se séparer ?
Pourquoi donc, pourquoi donc,
pourquoi donc se séparer ?

When we're having such a good time together,
Why should we part?
Why, why?
Why should we part?

Bonsoir, mes amis, bonsoir !
Bonsoir, mes amis, bonsoir !
Bonsoir, mes amis !
Bonsoir, mes amis !
Bonsoir, mes amis, bonsoir !
Au revoir !

Good evening, my friends, good evening!
Good evening, my friends, good evening!
Good evening, my friends!
Good evening, my friends!
Good evening, my friends, good evening!
Good night!

Savez-vous planter les choux ?
Do You Know How to Plant Cabbages?

Savez-vous planter les choux
à la mode, à la mode ?
Savez-vous planter les choux
à la mode de chez nous ?

On les plante avec la main
à la mode, à la mode.
On les plante avec la main
à la mode de chez nous.

On les plante avec le pied
à la mode, à la mode.
On les plante avec le pied
À la mode de chez nous.

On les plante avec le g'nou
à la mode, à la mode.
On les plante avec le g'nou
à la mode de chez nous.

On les plante avec le coude,
à la mode, à la mode.
On les plante avec le coude
à la mode de chez nous.

On les plante avec l'oreille
à la mode, à la mode.
On les plante avec l'oreille
à la mode de chez nous.

On les plante avec le nez
à la mode, à la mode.
On les plante avec le nez
à la mode de chez nous.

On les plante avec le doigt
à la mode, à la mode.
On les plante avec le doigt
à la mode de chez nous.

Savez-vous planter les choux
à la mode, à la mode ?
Savez-vous planter les choux
à la mode de chez nous ?

Do you know how to plant cabbages
In the latest fashion, in the latest fashion?
Do you know how to plant cabbages
The way we do at our house?

You plant them with your hand
In the latest fashion, in the latest fashion.
You plant them with your hand,
The way we do at our house.

You plant them with your foot
In the latest fashion, in the latest fashion.
You plant them with your foot,
The way we do at our house.

You plant them with your knee
In the latest fashion, in the latest fashion.
You plant them with your knee,
The way we do at our house.

You plant them with your elbow
In the latest fashion, in the latest fashion.
You plant them with your elbow,
The way we do at our house.

You plant them with your ear,
In the latest fashion, in the latest fashion.
You plant them with your ear,
The way we do at our house.

You plant them with your nose
In the latest fashion, in the latest fashion.
You plant them with your nose,
The way we do at our house.

You plant them with your finger,
In the latest fashion, in the latest fashion.
You plant them with your finger,
The way we do at our house.

Do you know how to plant cabbages
In the latest fashion, in the latest fashion?
Do you know how to plant cabbages
The way we do at our house?

Gentille alouette
Pretty Lark

(Note: The French word gentille *has many meanings, including "gentle," "nice," "pretty," or "pleasing." This song can be seen as a teasing song, in the way that grandparents often say, "I'm going to eat you up!" while cuddling grandchildren.)*

Alouette, gentille alouette,
alouette, je te plumerai.
Je te plumerai le bec,
je te plumerai le bec,
et le bec, et le bec,
alouette, alouette, ah!

Lark, pretty lark,
Lark, I will take a feather from you.
I will take a feather from your beak,
I will take a feather from your beak,
and your beak, and your beak,
Lark, lark, oh!

Alouette, gentille alouette,
alouette, je te plumerai.
Je te plumerai les yeux,
je te plumerai les yeux,
et le bec, et le bec,
alouette, alouette, ah!

Lark, pretty lark,
Lark, I will take a feather from you.
I will take a feather from your eyes,
I will take a feather from your eyes,
And your beak, and your beak,
Lark, lark, oh!

Alouette, gentille alouette,
alouette, je te plumerai.
Je te plumerai la tête,
je te plumerai la tête,
et les yeux, et les yeux,
et le bec, et le bec,
alouette, alouette, ah!

Lark, pretty lark,
Lark, I will take a feather from you.
I will take a feather from your head,
I will take a feather from your head,
And your eyes, and your eyes,
And your beak, and your beak,
Lark, lark, oh!

Alouette, gentille alouette,
alouette, je te plumerai.
Je te plumerai le cou,
je te plumerai le cou,
et la tête, et la tête,
et les yeux, et les yeux,
et le bec, et le bec,
alouette, alouette, ah!

Lark, pretty lark,
Lark, I will take a feather from you.
I will take a feather from your neck,
I will take a feather from your neck,
And your head, and your head,
And your eyes, and your eyes,
And your beak, and your beak,
Lark, lark, oh!

Alouette, gentille alouette,
alouette, je te plumerai.
Je te plumerai les ailes,
je te plumerai les ailes,
et le cou, et le cou,
et la tête, et la tête,
et les yeux, et les yeux,
et le bec, et le bec,
alouette, alouette, ah!

Lark, pretty lark,
Lark, I will take a feather from you.
I will take a feather from your wings,
I will take a feather from your wings,
And your neck, and you neck,
And your head, and your head,
And your eyes, and your eyes,
And your beak, and your beak,
Lark, lark, oh!

Alouette, gentille alouette,
alouette, je te plumerai.

Lark, pretty lark,
Lark, I will take a feather from you.

English/French Picture Dictionary

Here are some of the people, places, and things that appear in this book.

apple
pomme

banana
banane

bar of soap
pain de savon

bathroom
salle de bains

bed
lit

bedroom
chambre

box
boîte

brother
frère

bubbles
bulles

crayon
pastel

bus
car

cup
tasse

car
voiture

dining room
salle à manger

chair
chaise

drawing
dessin

cherry
cerise

face
visage

firefighter
pompier

fire truck
camion de pompiers

floor
par terre

frog
grenouille

hand
main

ink bottle
bouteille d'encre

jacket
veste

kitchen
cuisine

knee
genou

ladder
échelle

lion
lion

living room
salon

moon
lune

parrot
perroquet

rose
rose

school bus
car scolaire

shirt
chemise

shoe
chaussure

sister
sœur

snow
neige

snowman
bonhomme de neige

tray
plateau

sun
soleil

treasure chest
coffre à trésor

table
table

tree
arbre

tail
queue

truck
camion

toothbrush
brosse à dents

wing
aile

Word List

a
à
ai
ailes
aime
aimes
amuse
arbre
arbres
arrête
attention
aujourd'hui
aussi
avec
bains
bananes
beaucoup
bien
bientôt
blanc
blanches
bleu
bleue
bleues
boîte
bon
bonhomme
bonjour
bouge
bouteille
   d'encre
brosse
bulles
camion
camions
car
cerises
chaise
chambre
chaque
chaussure
chemise
cherche
choses
ciel

cinq
coffre
comment
connaît
côté
couleurs
cuisine
dans
de
demande
dents
des
dessine
dessiner
dessins
deux
différent
dit
dix
doigts
Dong! Dong!
du
échelle
écrie
elle
elles
encre
endroit
enfilent
ennuie
épisode
est
et
évadent
faire
fauteuil
flocon
flocons
font
frères
froid
garçons
garder
genoux
grenouille

grenouilles
huit
il
ils
j'
jaune
je
Jean
jouer
journée
l'
la
le
les
leur
lion
lions
lire
lit
lui
lune
m'
ma
maintenant
maison
manger
Marie
met
mieux
mon
mousse
ne … pas
neige
neuf
Nicolas
non
on
ont
où
page
pages
pain
par
parti
partie

partout
pas
pastels
perroquet
perroquets
peut
Pin-pon,
   pin-pon!
plateau
plus
pommes
pompiers
pourra
pourrait
quatre
quelles
quelques
queue
ranger
rapidement
recherche
regarde
rejouer
rentre
répond
reposent
retirent
rhume
rien
roses
rouge
rouges
s'
sa
salle
salon
savon
scolaire
se
sens
sept
si
six
sœur
soleil

sont
sourient
sous
sur
table
tasse
terre
tes
tête
Tiens!
tombent
tourne
tous
toutes
trésor
trois
trop
tu
un
une
vas
vent
vert
verte
vertes
veste
veux
visage
vite
voici
voilà
voir
voit
voiture
y

à côté de
Comment
   vas-tu?
est-ce que
il n'y a
il y a
qu'est-ce que